D0947629

La Main nue

Du même auteur

Récits
La Main cachée, Montréal, l'Hexagone, 1991.
La Main ouverte, Montréal, l'Hexagone, 1996.
Voyage en Mironie. Une vie littéraire avec Gaston Miron, Montréal,
    Fides, 2004.

Poésie
Faim souveraine, Montréal, l'Hexagone, 1980.
Jours d'atelier, Montréal, Éditions du Noroît, 1984.
Le Chemin brûlé, Montréal, l'Hexagone, 1986.
Depuis l'amour, Montréal/Paris, l'Hexagone/La Table rase, 1987.
    Prix du *Journal de Montréal* et prix Claude-Sernet (France).
Poèmes d'amour 1966-1986, Montréal, TYPO, 1988.
    Prix Alain-Grandbois.
Le Lien de la terre, Trois-Rivières/Paris, Les Écrits des Forges/
    Europe Poésie, 1992.
Autour du temps (en collaboration), livre et disque compact, musique
    de Violaine Corradi, Montréal, Éditions du Noroît, 1997.
Le Visage des mots, Trois-Rivières/Paris, Écrits des Forges/
    Proverbe, 2000.
Nos corps habitables. Poèmes choisis 1984-2000, choix et présentation
    de Paul Chanel Malenfant, collection « Ovale », Montréal,
    Éditions du Noroît, 2001.
Desde el amor/Depuis l'amour, Édition bilingue, traduction de Monica
    Mansour, México/ Trois-Rivières, Universidad Nacional Autonoma
    de México (UNAM), coll. « El Puente »/Écrits des Forges, 2001.
Poèmes de veille, Montréal, Éditions du Noroît, 2002.
Demeures du silence, en collaboration avec Yves Namur,
    Trois-Rivières/Luxembourg, Écrits des Forges/Phi, 2003.

Essais
Introduction à la poésie québécoise, Montréal, BQ, 1988.
*Dans la maison des littératures. Les vingt ans de la Rencontre québécoise
    internationale des écrivains*, Montréal, l'Hexagone, 1992.
Les Îles de la Madeleine, photographies de Mia et Klaus, Montréal,
    Éd. de L'Homme, 1994.
*Chronique d'une Académie 1944-1994. De l'Académie canadienne-
    française à l'Académie des lettres du Québec*, Montréal,
    l'Hexagone, 1995.

Anthologies
La Poésie québécoise contemporaine, Montréal/Paris, l'Hexagone/
    La Découverte, 1987 ; 1996.
Le Québec en poésie, Paris, Gallimard, 1987 ; 1996.

Jean Royer

de l'Académie des lettres du Québec

La Main nue

QUÉBEC AMÉRIQUE

Données de catalogage avant publication (Canada)

Royer, Jean
La Main nue
(Mains Libres)
Autobiographie.
ISBN 2-7644-0327-5
1. Royer, Jean, 1938- . 2. Poètes québécois - 20e siècle - Biographies. I.
Titre. II. Collection.
PS8535.O98Z53 2004   C841'.54   C2003-941971-1
PS9535.O98Z53 2004

Québec ⬛⬛

Le Conseil des Arts | The Canada Council
du Canada | for the Arts

Nous reconnaissons l'aide financière du gouvernement du Canada par l'entremise du Programme
d'aide au développement de l'industrie de l'édition
(PADIÉ) pour nos activités d'édition.

Gouvernement du Québec – Programme de crédit
d'impôt pour l'édition de livres – Gestion SODEC.

Les Éditions Québec Amérique bénéficient du
programme de subvention globale du Conseil des
Arts du Canada. Elles tiennent également à
remercier la SODEC pour son appui financier.

L'auteur remercie le Conseil des Arts et des Lettres du Québec pour son
appui financier.

Québec Amérique
329, rue de la Commune Ouest, 3e étage
Montréal (Québec) Canada H2Y 2E1
Téléphone : (514) 499-3000, télécopieur : (514) 499-3010

Dépôt légal : 1er trimestre 2004
Bibliothèque nationale du Québec
Bibliothèque nationale du Canada

Mise en pages : André Vallée
Révision linguistique : Diane Martin

© 2004 Éditions Québec Amérique inc.
www.quebec-amerique.com

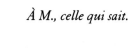

À M., celle qui sait.

Des mots, tu naîtras plus sûrement que de ta mère.

SUZANNE LAMY

Écrire, c'est travailler avec de l'eau.

ANDRÉ RICARD

Oui, celui qui sait dire « il y a » a d'un seul souffle vaincu la mort et gagné le langage à sa cause.

J.-B. PONTALIS

Langue maternelle

Langue maternelle

Je n'avais pas encore de mots et j'ignorais d'où venait la neige. La voix de ma mère m'était une musique. Étais-je né déjà ? Ou nageais-je dans ma mémoire, sans savoir si j'étais garçon ou fille ? Je n'avais pas de voix, pas de langage à moi. J'étais une oreille et ma mère chantait.

Dans le coin de la chambre, un homme hoquetait et se frappait la poitrine en silence. Il lançait par moments des mots étranges : *« Mea culpa ! Mea culpa ! »* Puis il se taisait de nouveau. Sans même regarder son ombre.

L'homme était seul et pourtant je vivais avec lui. Il m'était étranger et je ne comprenais pas ce qu'il faisait là pendant que ma mère s'affairait autour de moi. Elle me prenait dans ses bras et m'emmenait loin de l'homme. « Ce n'est pas de ta faute », me disait-elle. « Ce n'est pas à cause de toi. »

Ma mère chantait en prenant ma main sur son cœur. Je voyais bien que je n'avais qu'une main et que ce n'était pas de ma faute.

Qu'est-ce qui faisait pleurer en lui-même l'étranger de la chambre qu'on appelait mon père ?
De son côté, ma mère chantait-elle sans arrêt pour couvrir la douleur de son regard ? Pourquoi me souriait-elle sans cesse dès qu'elle s'approchait de moi ? J'ai fini par comprendre que c'était pour m'éloigner du silence de celui qu'on appelait mon père. Je respirais mieux, quand elle m'emmenait loin de lui.

Oui, j'étais né et je savais que je n'avais qu'une main pour jouer du tambour. Mais ce n'était pas de ma faute et je me doutais bien que mon autre main était restée dans le ventre de ma mère. Je le saurai encore, un jour de mai, à la façon dont elle me sourira, juste quelque temps avant sa mort : elle me chantera une mélodie de Schubert qui semblait venir de si loin qu'en me tenant près d'elle mourante je me suis revu, l'enfant étonné de son chant.

J'étais né à côté de cet homme de la mélancolie qu'on appelait mon père et j'ai appris mes premiers mots sans lui, qui était figé dans son mutisme. Ma langue était maternelle mot à mot, phrase par phrase et d'un son à l'autre. Je mangeais et les mots roulaient sur mes lèvres, comme pour accompagner le chant de ma mère.

Ma mère et moi étions ensemble dans la langue des mots doux, tandis que l'étranger de la chambre ne nous regardait pas, renfrogné dans son silence toujours recommencé.

Un jour, pourtant, ce père a consenti à se tourner vers moi sans pleurer. Il m'a jeté un regard inquiet, puis il m'a lancé un mot en point d'interrogation : était-ce le mot « amour » ?

Il me parlerait un peu plus chaque jour que nous nous reconnaîtrions. Le visage plus doux, un peu plus ouvert, et le regard moins distant. L'homme semblerait me connaître. Je le reconnaîtrais, de mon côté, non sans craindre qu'il retourne se blottir dans un coin de la chambre. Mais quand il sourirait enfin, j'aurais un père et ma mère ne serait plus seule avec moi.

Mon père chantait surtout des complaintes qui évoquaient « les flots bleus » et des hommes morts en mer, noyés d'absence et de chagrin. Il était le plus souvent triste, sauf quand il se mettait à jouer avec moi jusqu'à me faire rire par ses mimiques et ses taquineries. Les mots qu'il m'apprenait alors devenaient gris et noirs, à travers sa voix forte.

Quand il parlait à ma mère, ses mots changeaient de couleur et sa voix devenait plus faible, plus douce aussi et plus ronde. On aurait dit que ma mère en prenait soin comme d'un enfant qui avait de la difficulté à parler le même langage qu'elle. Hors de son silence, mon père cherchait à apprivoiser le mot « bonheur ».

Moi, j'avais appris les mots « main », « miroir » et « mort » sans trop en connaître le sens. Le seul vocable que je pouvais posséder pleinement, qui remplissait ma bouche, c'était le mot « maman », que je liais toujours au mot « moi » et qui faisait parfois sourire mon père.

Les années passèrent et ce père est parti travailler au loin. On ne le voyait que deux fois par mois, les fins de semaine. Il nous arrivait un peu plus souriant à chaque retour à la maison, apportant dans un panier d'osier des truites fraîches, pêchées, disait-il, au lac des Neiges. Chaque repas de poisson avait un air de fête qui s'ouvrait avec le sourire de mon père, comme s'il s'agissait d'une victoire sur un certain silence.

J'ai grandi au milieu des mots de ma mère et de mon père jusqu'à ce que je découvre le b.a.-ba de l'écriture. Jusqu'à l'oubli de la main restée cachée dans le ventre de ma mère.

Quand mon père repartait travailler, je lui écrivais des lettres. Il me répondait à son tour au bas des lettres d'amour adressées à ma mère. Il m'ordonnait de bien apprendre le français à l'école. Les mots auraient donc la même importance pour lui que pour moi, son enfant toujours lointain ?

Puis j'ai découvert les livres de la maison. Des livres de toute sorte, qui m'enseignaient qu'on pouvait dessiner, peindre, écrire. Des livres que d'autres humains avaient écrits avec les mots de leur langue. Peu à peu, à force de langage, je suis entré dans le monde des signes et des formes, échangeant mes pensées, mes rêves et les sentiments de ma vie avec les images des peintres qui habitaient les livres de mon père, avec les poèmes découverts dans des recueils plus mystérieux encore que les livres d'images.

J'ai ensuite appris à affronter les miroirs, où mon image renversée me montrait ce que représentait le fait d'avoir une main droite pour les autres. Une main droite virtuelle m'apprenait au moins à intégrer l'image qu'on avait de moi. Adolescent épris de perfection, j'étais l'exception qui confirme la règle de la symétrie et les canons de la beauté : au lieu de refouler mes désirs, je devais plutôt m'habituer au regard étonné des filles.

Avec le temps, je me suis senti moins gêné par cette absence de la main droite. Je me reconnaissais dans les miroirs et les livres. Je me sentais plus à l'aise dans mon corps, et ma vie prenait forme. Je comprenais enfin que je n'étais ni infirme ni informe et que j'avais le droit, comme tout un chacun, de chercher ma forme d'être au monde. Mon intégrité m'appartenait. Singulière et perfectible, elle définissait mon identité. À la manière du langage des peintres et des poètes qui dessinait la beauté. Je pouvais à mon tour habiter le monde. J'avais pris forme dans le mûrissement du langage.

Je pouvais alors m'éloigner de ma mère pour l'amour d'autres femmes. Les mots appris d'elle me servaient à pratiquer d'autres langages comme à nommer mes gestes d'amoureux.

Tout au long de ma vie d'adulte, dans la mémoire de l'enfance, j'entendrai ma mère chanter, sur quelque mélodie de Schubert, les mots de cette langue qui m'avait accueilli dans le monde.

Au bord de l'été

Les sensations, les odeurs, les silences, les regards, les mots, les gestes : qu'est-ce qui fait une vie ou la défait ? Qu'est-ce qui m'a emporté vers des pistes d'ombre ou de lumière ? Qu'est-ce qui m'a permis de me rendre jusqu'à moi, ou presque ?

À ces questions de mémoire, il est permis de répondre ou de se taire. On peut choisir d'ignorer ces secrets cheminements comme on peut tenter de repérer son parcours afin de mieux habiter son présent. La vie nous aura appris au moins qu'on reconnaît le monde en soi au fur et à mesure qu'on apprend à le connaître ou qu'on le découvre par expérience personnelle. Le paysage nous fait tel qu'il nous effacera un jour dans ses ombres et replis, comme dans les ondes de la mer notre regard se perd, volette et tombe à l'horizon en suivant l'oiseau pêcheur qui fête la fin du jour.

Je me revois debout sur le cap de Millerand, le golfe Saint-Laurent à mes pieds, la mer plein les yeux, sous le soleil au zénith inondant les îles de la Madeleine. Aucune ombre au paysage. Une douce euphorie m'emporte. Je flotte dans l'air, flairant l'odeur d'origine des algues. J'ai des ailes et c'est l'éternité.

Ou bien j'entends une chanson castillane interprétée par Germaine Montero. *Si de tu cara sale...* Les maisons toutes blanches d'un petit village d'Espagne contrastent avec la veuve en noir qui s'arrête au bas de la côte pour pisser dans la rue avant de rentrer chez elle. J'entends les castagnettes d'un dramatique flamenco, pendant que les Tziganes, qui vivent avec les rats dans les bois au pied de Salobreña, s'enfuient de honte au passage des touristes.

De la gorge de Germaine Montero surgissent un âne, des poissons volants, une main sur le cœur, une chaleur dans le cou, des yeux qui roulent et trois petits pas mystérieux qui ferment la chanson :

A que buscar la lumbre,
A que buscar la lumbre, mamita mia,
La calle abajo, la calle arriba,
Si de tu cara sale,

Si de tu cara sale, mamita mia,
La brasa viva.
Pourquoi chercher le feu,
Pourquoi chercher le feu, mamita mia,
En haut de la rue, en bas de la rue,
Si de ton visage sort,
Si de ton visage sort, mamita mia,
La braise vive.

Un autre tableau, de mémoire plus lointaine, baigne dans une lumière d'hiver. Souvenir d'un enfant de six ans. Je vois mon père en homme doux qui aide ma mère à enfiler son lourd manteau de renard et qui m'ordonne de ne pas la bousculer près de la porte. « Fais attention à ta mère », lance le père attendri, attentif, amoureux, souriant, pour une fois, et jetant un regard complice à celle qui lui a donné des enfants pour vivre contre sa mélancolie.

Je suis un enfant pour que mon père puisse vivre et rendre ma mère heureuse. Je suis un enfant qui doit « faire attention » à ses père et mère ensemble. Un enfant qui doit toujours sourire aussi. Ne pas crier. Ne rien bousculer surtout. Se mouler dans l'ambiance chaude d'une petite famille au bord de la porte, prête à sortir d'elle-même et qui doit sans cesse protéger l'été au bord de l'hiver.

J'ai passé toute mon enfance au bord de l'hiver. Même quand on savait qu'il ne neigerait pas et que le temps semblait s'adoucir. Attention : danger. Le père risque de rentrer dans son regard inquiet, derrière un mutisme inexpliqué. La mère doit rester toujours près de son homme, en toute saison, prête à porter son manteau de renard, pour ne pas laisser son mari tomber dans l'hiver sans elle. Le perdre, ce serait perdre le sens de sa vie. Et les enfants-pour-le-rendre-heureux n'appartiennent pas eux non plus à l'hiver mais à l'été. Déjà, après moi, deux enfants à peine nés sont retournés dans les limbes, nulle part, comme des silences qu'on n'a pas compris, comme des fleurs sans soleil fanées avant la fin du jour.

Et moi, quel enfant serais-je, si je devenais inutile pour ce père taciturne ? L'enfant de ma mère, oui. Mais aussi, il faudrait bien qu'un jour je rencontre de nouveau un père rieur et bavard, plein de mots pour moi. J'aime entendre parler ma mère et je recueille les mots qu'elle me donne à chaque minute comme des caresses qu'on dessine dans le rai de soleil. Mais que faire de tous ces mots si le père n'est pas là pour les coucher la nuit dans le silence des rêves ? Que faire, seul avec ce langage aussi tendre et joyeux de ma mère, si le père se tait et se tient immobile, loin de nous ? Que faire des mots, si on les voit passer au-dessus du vide, dans le regard éteint de son père ? Doit-on leur couper la tête, à ces mots, comme le fait mon père aux fleurs de son jardin ?

Non, il ne faut pas laisser le père se perdre au bord de l'hiver. Il doit nous accompagner en douceur à côté de ma mère et rester du bord de l'été. C'est pourquoi ma mère est surtout occupée à rendre le père heureux. C'est pourquoi je dois, à mon tour, devenir l'enfant-heureux-qui-reste-dans-l'été.

Alors, j'emmagasine le langage comme je peux. De toute cette mémoire qui me fait agir. Chaque mot devient une action pour la vie. J'ai besoin de tous les mots du langage pour garder mon père et ma mère heureux ensemble. Je serai l'enfant du langage au bord de l'été. Toujours du côté de l'été, quand les mots sont gorgés comme les gro-seilles des champs ou sentent le parfum de rose de ma mère, quand les mots se mettent enfin à rouler dans le rire de mon père. Ces mots parfois coquins et à double sens, qui déclenchent le rire des sœurs de ma mère. Alors, je ris avec mes tantes sans trop comprendre ce qui se passe, mais ras-suré par ce regard que viennent d'échanger mon père et ma mère.

Car je n'oublie pas ces regards des parents, dans l'épaisseur du soir, regards attendris qui précèdent le long silence de la nuit. Ils annoncent des rêves chauds et lourds dont on tient éloignés les enfants. Ces regards sans les mots sont remplis d'un mystère qui n'appartient pas au bonheur des enfants.

Devant ces silences porteurs de secrets, je me sens séparé d'eux, les parents heureux. Mais je me sens soulagé, car je ne porte plus le poids de leur propre bonheur. Ils vont se parler à leur manière durant la nuit et, demain matin, ils s'approcheront de moi ensemble. Je pourrai alors traverser l'été avec tous les mots du langage de mes père et mère.

Je pourrai jouer seul avec les mots, en pensée et en rêve, avec la certitude que je peux m'appartenir enfin. Comme si je faisais le tour du jardin de mon père en courant, comme si j'habitais un été sans fin.

Ceci n'est pas un aveu

Le sens de la perte nous instruit de l'intime. Le manque donne un relief aux contours de notre identité. C'est aussi par ce que je ne suis pas que je suis, par ce que je n'ai pas que je donne ou reçois.

Point n'est besoin d'avouer « son » secret, mais plutôt d'explorer l'intime en jouant du langage, pour ouvrir la fenêtre vers l'intérieur. Je ne sais pas ce que j'y trouverai, mais je suis né en l'ouvrant et je le découvrirai à force de regarder.

Peut-on reprocher à quelqu'un cette quête et dire : « l'aveu est inutile » ou « la confidence est gratuite », sans savoir ce qui délimite le territoire de l'intime ?

Quelques années avant sa mort, ma mère m'a révélé qu'après ma naissance mon père lui interdisait de me prendre dans ses bras, pour éviter de me rendre trop dépendant de ses caresses.

Voilà une histoire d'horreur. Mon père se sentait coupable de ma naissance et rationnait les caresses. Son refus créait une peine de corps pour ma mère et pour moi.

Lui, dans sa religion, avait été sacré diacre puis avait jeté la soutane pour « aller dans le monde », sur les conseils de sa mère et malgré une promesse d'adolescence. Et moi, je nais, son fils, dans l'imparité : une main en moins. Pour lui, je suis sa punition et je dois rester son remords. Ma mère, elle, m'avait conçu pour rendre son homme heureux. Elle devait dorénavant sauver le coupable de sa mélancolie.

La confidence de ma mère sur cette histoire d'horreur m'a fait comprendre la blessure de l'amour, le manque d'amour avant l'amour même. Pourquoi toucher l'autre avait-il été pour moi si difficile ? Pourquoi n'ai-je librement embrassé ma mère que dans sa vieillesse, au moment où j'étais devenu mère de ma mère ? Pourquoi n'ai-je étreint ma mère que longtemps après la mort de mon père, quand j'eus l'âge qu'avait mon père quand il l'aimait ?

La réponse fait partie de l'intime. De ce territoire partagé par tous ceux et celles qui ont éprouvé la peine d'amour avant l'amour. Dans le silence de l'*infans* ou dans le refus des premiers mots, des premiers regards, des premières caresses.

Tous les aveux du manque nous conduisent au domaine de l'intime. Ainsi nous gagnons sur ce que nous avons perdu. Ainsi nous partageons des chemins communs. Ainsi nous nous reconnaissons.

Ceci n'est pas un aveu. Ni une simple confidence. Mais le récit de la douleur de la rupture et de la séparation de soi. Une mort annoncée, celle de ma mère ou la mienne. Mon père, lui, était presque mort dans sa religion catholique, où il lui fallait assumer quelque culpabilité. Il vivait malgré lui, grâce à ma mère et aux enfants qu'elle lui donnait. Grâce peut-être aux rares caresses auxquelles il consentait jalousement. Comme s'il devait toujours remonter des limbes de sa mélancolie. Comme si chacun de ses gestes d'affection n'était pas un don mais un devoir d'existence. Comme si ses enfants ne vivaient que pour lui dans sa faute et dans son manque d'aimer.

Comme si moi, l'aîné et l'impair, je devais porter à sa place la soutane – noire ou blanche – de l'ascèse et du sacrifice. Comme si je ne devais plus avoir de vie intime.

Point de fuite

Qu'ai-je imaginé? Il n'y a plus de rivière où je passais l'été de mes dix ans. Ces femmes assises dans l'herbe, l'une qui rit (ô grand-mère), l'autre qui chante (ô ma mère), et des hommes qui fanfaronnent, l'un deux dans l'eau froide qui m'apprend à nager. Tous partis dans leur âge, ils habitent pourtant ma mémoire.

Qu'ai-je pensé? Mon père ne fait plus ses gammes au piano le dimanche et ma mère s'en est allée dans le mot «déjà?». Ai-je vécu avec elle? avec lui? Est-ce que je vis?

À quoi jouais-je? On a fermé l'escalier de fer qui menait à l'école. Où sont-ils passés, les Madore et les Auclair, les enfants pauvres du pied du cap? Il n'y a plus de ruelle où je courais les filles après sept heures le soir. Ai-je rêvé?

L'enfance passe-t-elle devant soi, tel soir d'hiver où vous vous égarez dans la ville, ramené à la maison par une jeune femme en noir ? L'enfance finit-elle par vous précéder, comme une étoile qui meurt, comme une lumière à suivre ?

Une enfance avec ses premiers mots, pour inventer sa vie dans un poème ? Une enfance qui vous regarde et c'est vous qui marchez dans la nuit ? Une enfance et ce n'est plus vous, l'enfant ? Une enfance et c'est déjà la fin des mots ?

Des frères inconnus oubliés dans les limbes, des sœurs devenues mères, d'autres frères, qui, en artistes, habitent la question du poème, et toutes ces vies éparpillées dans ce qui reste du temps ? Une enfance pleine de morts blanches et d'adieux ? Une enfance blanchie d'absences ?

Tant de secrets enfouis dans le grenier de la maison natale, puis sur l'île, là-bas, dans les jeux de l'été. Tant de secrets reconnus au fil du langage. Les mots appris, désappris, métissés dans le poème et redonnés au silence. Tant de mots échappés à peine saisis, retournés à la mémoire d'un sens premier.

Dans le langage, nos actions nous précèdent. Nos poèmes sont des gestes nés de l'enfance. Nos désirs

se déploient entre les mots d'une langue maternelle. Quelques poèmes de condensation d'une
enfance révélée – composant le lapidaire d'une vie
à faire. Poèmes d'un langage d'origine, comme
des perce-neige. D'autres poèmes dépliés de l'ex-
tase et de la pensée. Poèmes de découverte et de
méditation, comme des signes d'amour.

Un cri, puis le chant, poèmes emmêlés de l'enfance et du chemin qui s'ouvre. Une rivière une
forêt de chaque bord de soi. Une ruelle une maison, le dehors et le dedans qui se rejoignent au
point de fuite du poème.

Entre mémoire et silence, je marche sur un chemin étroit, vers une enfance que je reconnaîtrai
dans le dernier mot de ma vie.

Fièvres d'enfance

Quelles fièvres m'emportaient loin des devoirs du jour et de l'école ? Je n'avais pas lu les poètes et je rêvais de peur d'être mort.

La main de ma mère sur mon front brûlant et le plafond qui tourne. Sueurs froides et grincements de dents, je ne peux pas crier. Je m'éloigne de moi-même dans ce roulis d'un vague désespoir.

Je suis un enfant qui cherche son monde et ne le reconnaît pas. Seul me rassure le regard de ma mère. L'unique réalité est la bouillie de lait chaud qu'elle me donne contre les humeurs noires.

Suis-je en train de plonger dans la mélancolie de mon père ? Pourquoi sortir du monde, échanger mes rêves contre mes peurs ?

Sensation de mort. Tout s'amollit et je tombe en moi comme dans un puits sans fond. Vertige et nausée. Je fuis l'inconnu.

Vais-je m'en aller chez les morts, habiter leur silence ? Mais ma mère me parle doucement et je remonte à la surface des choses. Quelques mots tendres, une caresse et je reviens dans le jour.

J'apprends à converser avec mes rêves. La houle chaude me porte et je dialogue avec la nuit. Je nage dans une eau noire du silence de mon père. Je le vois pourtant sur sa barque, il file vers moi et me prend dans ses bras. Je suis sauvé, mais j'ai peur de son silence et je m'éveille en tremblant.

D'où viennent les fièvres d'enfance ? Sont-elles des chocs de langage, des étapes de révélation, ces sueurs de ruptures et ces fissures de l'âme par où s'écoulent nos peurs, le trop-plein du silence des vivants et des morts ?

Sont-elles, ces fièvres d'enfance, révélatrices d'un langage qui se fonde sur le silence d'un père comme sur la parole d'une mère ? Sont-elles, simplement, les poussées du désir de vivre ?

Sont-elles liées à un éloignement de l'enfance et à une certaine perte de soi devant la découverte d'un monde nouveau ? Sont-elles les symptômes du passage de l'enfance à la maturité, d'une langue maternelle à un langage qu'il faut explorer seul ? Sont-elles les vaisseaux d'un voyage dans « l'âge de raison », les signes annonciateurs de l'habitation du langage par l'adulte ?

Devant l'énigme de la mort, devant un certain silence qui précède le poème, face aux défaites du langage, je revis encore aujourd'hui, du fond de ma mémoire, ces fièvres d'enfance qui me faisaient chavirer dans une douleur moite et muette où je sombrais corps et âme au creux de mon lit de solitude.

Labyrinthe

Dans la rosée de l'aube et de l'enfance, en cette saison où les oiseaux de paradis volent au-dessus de ma tête, j'entre dans l'allée centrale du jardin, le pas hésitant, dans l'étonnante beauté du matin. Tous les parfums de la terre font se lever le jour et m'ouvrir les yeux, fertiles de tant de mystère.

Chaque fleur dans sa corolle porte la force d'un langage. Tulipe qui s'ouvre et violette recueillie, amical iris et tous les lys fiers de leur âge, grands soleils qui courbent l'échine de bonheur.

Seul dans ce jardin du père silencieux, j'apprends à courir dans l'ombre de la mère et des mots qui nous relient aux fleurs de l'été. Ce labyrinthe recèle le mystère du langage. Pourquoi cette rose surgie de la nuit enferme-t-elle le mouvement des mots ?

M'approchant de la rose, je crois deviner le secret qu'elle porte de la nuit au jour, enceinte des parfums de la terre – nœuds d'ombre, épines de lumière.

La rose a des ailes qui battent au cœur de la terre. Elle me donne, tout enfant que je suis, mon amour, mon poème d'être au monde.

L'intimité du langage m'enseigne le mouvement vers soi, le mouvement vers l'autre. Je renais parmi les fragrances du parfum de rose. J'habite le jardin du faire et du dire. Je reconnais l'autre dans son mystère. La paix est à ce prix. Le secret de l'écoute. *La Maison du possible* d'Emily Dickinson, maison plus ouverte que celle de la raison et des dogmes.

L'enfant au jardin pose la question de l'autre en soi. Habité par les mots à conquérir. Il voyage tel un parfum vers son langage. *Par le col étroit de la souffrance*, murmure encore Emily Dickinson.

J'ai reconnu la rose de l'enfance au jardin du langage. Je ne serai plus seul dans le poème. J'aurai tous les mots de mon côté. La vie est une enquête sur le langage. Un voyage au cœur du silence, au retour des mots.

La vie apprise au parfum de la rose.

Le secret de la rose croît en moi. Il s'éclaire en poème. Que faire du poème sinon un pont vers l'autre ? Le dialogue du jour et de la nuit. L'élan de vie qui abolit la mort. L'imagination d'un monde habitable.

J'apprends à faire de ma vie un amour de langage.

Présence

Que serais-je sans la poésie ? sans l'amour ?

Un pauvre hère, absent de lui-même et du monde. Un homme triste sans l'humain qui le fait naître. Un ange d'innocence et d'ignorance. Un mâle sans féminin. Un homme trop seul d'être un homme.

Je ne sais pas vraiment comment m'est venue la poésie, ni quand ni pourquoi elle est devenue essentielle à ma vie.

J'ai toujours été attiré par la beauté du monde. La parole fut pour moi une découverte splendide. J'étais enfin debout dans l'arc des lumières. J'apprenais *les couleurs des voyelles*. Je nommais ma mère à mon tour. Le jour tenait dans mes mots.

Plus tard, l'écriture m'a conduit à moi-même, au voyage intérieur, à la solitude nécessaire, à la méditation de l'être contre le néant.

Écrivain, j'interrogeais les formes. J'apprivoisais les chemins de la culture. Je débusquais les idées. Je jaugeais mes sentiments. J'abordais les philosophes dans leur poursuite des énigmes de l'univers. Je fréquentais les poètes, dont les langages mesurent le sens du monde.

Peu à peu j'ai appris à distinguer les joies de l'âme et celles du corps. Devant les preuves de la connaissance, du sentir et du penser, je me suis mis à vivre par moi-même. J'arrivais parfois à une conscience aiguë – presque intolérable – de ma vie. Non seulement la beauté mais son manque m'obsédaient. Ma vie devenait irréductible, indicible.

Il me fallait justement *le dire*. Quoi ? La beauté et son envers : le manque d'éternité. Il fallait aussi m'arracher à ce qui fait souffrir, à ce qui tient lieu de leurre.

Il fallait *réinventer la vie*.

Le poème représente cette vie *nouvelle*: « ce qui étant dit est » (Miron). Ce qui est vécu continue de vivre dans le poème. Le désir devient présence. Le nœud se dénoue. Ce qui est amour s'éternise.

Une femme, un jour, m'a touché la poitrine. Sa main empoigna mon cœur à jamais. Son regard ne m'a plus quitté. Ses lèvres m'ont appris le feu. Ses mots se sont ouverts aux miens.

Parfois nous nous tenons debout
dans le corps sans fin de l'amour
contre la douleur de l'effacement

Il me restait à démêler ce bouquet d'émotions, de sensations et de pensées. Je devais apprendre à nommer les trésors de la présence amoureuse. L'instant de la passion. L'orbe du tendre. L'amour des corps. La pensée des recommencements.

Le poème est devenu le vase communiquant de moi à l'autre et d'elle à moi. Le poème nous imagine amoureux de la présence. Tel un pont entre notre histoire et sa vérité. Il nous ressuscite sans cesse. Sans pourtant rien révéler d'elle ni de moi, il vérifie notre présence.

Que reste-t-il de nos silences sinon ce que nous sommes : nos poèmes d'amour.

Lettre à la mère

Chère maman,

Je ne sais pas comment tu lis mes poèmes.

Il n'est pas important que tu répondes à ma question. Moi, je te suggérerais de lire «entre les lignes» : tu sais, ces silences qui font naître les mots des poèmes que tu lis, ce sont ceux-là que tu peux rejoindre. Un peu comme l'enfant en toi, silencieux mais vivant, cherchant à atteindre ton cœur en accord avec le sien, afin de se rassurer dans le puits profond de ton ventre où il ne peut ni parler ni nager. (Mais sa bouche pour sa mère, vie inconnue où l'enfant baigne.)

C'est de ce silence blanc que naît finalement le poème.
Comme l'enfant, de sa mère. Puis la vie parle, grandit dans les mots plus loin que les mots. Le

poème, autonome, se fraye un chemin parmi la foule d'autres vies pareilles et différentes à la fois.

Poème à poème, je vis. Peu à peu je me parle. J'écris ce que je deviens. Je cherche un avenir dans les mots à découvert. Mais le mystère subsiste. Le mystère comme toile d'araignée. Mystère parfait de la vie où je me couche en silence : pour écouter battre les cœurs. Le mien d'abord. Celui de quelques autres ensuite. Ce sont ceux-là que vise le poème. Car le poème fréquente les secrets de la vie et dans la seule intimité de ceux qu'on aime, qui nous aiment, qui nous aimeraient et se découvrent entre les lignes. Le poète est celui qui aime assez la vie pour en parler en secret, avec précaution. Et cet « hermétisme » est tout à fait « maternel ».

D'ailleurs, je suis sûr qu'il existe un lien particulier entre le poète et sa mère. Le nôtre, chère maman, nous le connaissons. Ce cordon autour de ma main droite et qui l'a empêchée de se développer dans ton ventre. Cette prison rassurante fera pousser les mots vers ma main gauche. Je deviendrai écrivain : écrivant de la main gauche l'absence de la main droite. Manque de gestes pour m'exprimer et compensation dans le geste d'écrire. Le poème retracera les chemins inconnus, les sensations manquées. Le poème dénouera les nœuds de ce cordon qui étranglait une partie de moi-même.

Chère maman, je ne sais pas quelle émotion ma lettre peut faire naître en toi. Pour moi, c'est une sensation forte que de t'écrire à toi, ma mère, sur les origines de mon écriture – autant dire sur l'écriture de mes origines. Cette lettre me vient de loin. Elle m'arrive de toi.

L'écriture monte d'un puits/mère. Elle refait surface. L'eau est noire. La parole est blanche, quand on la lit à la lumière, quand on naît.

Sous le nom du père

J'écris sous le nom de mon père. J'écris ce qu'il ne m'aura pas appris. J'écris son refus. Nous nous croisons dans le regard des mots. Il chemine à l'ombre de ma main et c'est lui le poème, son visage enfin illuminé.

J'écris pour crever sa bulle de silence, pour abolir sa mélancolie. Ses carnets noirs, disparus avec lui, je les décode dans ma propre vie d'écriture, je continue de les lire dans mes mots.

J'écris pour rejoindre mon père dans notre passé. J'écris pour lui. J'écris pour moi. Pour me réapproprier son regard perdu, pour me reconnaître dans sa voix, dans son rire. J'écris pour habiter son secret.

J'ai enfin conquis notre impossible intimité en prenant le chemin de l'écriture. Et dans la langue surgit le visage aimé. Le poème est une chambre à rêver les visages de nos vies.

J'ai porté le nom de mon père plus loin que son regard silencieux. J'avance dans mon âge plus loin que le sien. Je suis le père de mon père, ce petit enfant de mai que je console avec les mots de ma mère. Et je disparaîtrai dans son nom qui est le mien, dans mon nom qui est le sien.

J'aurai fait le tour de la nuit de la terre dans le nom du père.

Dans la lumière du langage

On ne pourra jamais m'enlever cette passion de la littérature qui m'anime. Pourquoi ? Parce qu'elle me fait vivre, tout simplement. Chaque jour qui passe est perdu ; chaque livre que je lis appartient au lendemain et à mon espérance. La littérature me fait vivre *autrement* et *davantage*. Elle me fait participer à l'imagination d'un monde, celui de l'écrivain. En littérature, je m'imagine autrement en même temps que je vis à l'aigu, conscient de ma destinée. Je brûle de vivre dans la lucidité du langage. Je suis riche d'un héritage unique, celui de l'imaginaire qui s'est incarné dans les cultures et les littératures. Je deviens le compagnon lecteur des écrivains et des écrivaines qui désespèrent de l'humanité et cependant font confiance aux humains.

La littérature, pour moi, vit au cœur des livres qui me changent intimement en même temps qu'ils m'unissent aux autres. Mais ce lien n'est pas continu, il n'est pas immuable ni inaltérable comme dans un éden. Le don de la littérature, c'est celui de me rendre plus vivant, proche de moi et loin du langage de tous les jours qui ne m'apprenait plus rien de nous. La littérature n'est pas ce qui me reste du vécu, mais ce qui m'arrive de nouveau dans le langage, ce qui m'étonne et me renouvelle, ce qui me fait renaître de toutes les formes de morts d'avant l'ultime. La littérature connaît la mort. Elle ne l'annonce pas, mais elle se met en lutte contre elle. Dans la lumière du langage. La littérature nous apprend que le dernier mot n'existe pas.

Compagnons du vivant

Pourquoi m'entêter à posséder autant de livres dans ma bibliothèque, alors que le temps de les relire diminue inexorablement ? Qu'est-ce qui me pousse à vouloir posséder tous ces ouvrages que je n'ouvrirai plus, faute de temps ?

On vit sans doute avec l'espoir de creuser le langage, de le reformer sans cesse. Afin de le faire coïncider le plus intimement avec la vie. Rêve et utopie. Le langage tend vers la vie sans jamais l'atteindre dans son noyau. Exception faite de certains poèmes, parfois, refermés si hermétiquement sur la vie qu'on a l'impression qu'ils la contiennent Ils nous apprennent tout au moins que le langage accompagne la vie.

Mais il mourra avec la vie des femmes et des hommes qu'il habite, ce langage. Il n'était qu'un pont entre les êtres, qu'une passerelle entre nous, pour la forme, pour faire durer notre forme d'être au monde.

Dans chacun des livres dont je ne peux pas me séparer, il existe le rêve d'une forme, d'une forme de vie, d'une forme de langage, d'une tendresse du langage, peut-être, qui me relie comme lecteur à l'auteur.

Dans chaque livre que j'ai lu, la vie continue, la vie continuera sans moi, en souvenir de moi, lecteur, comme de son auteur. Car un livre contient au moins deux souvenirs : celui de qui l'a écrit, celui de qui l'a lu.

Ainsi se peuplent les bibliothèques, avant la grande déportation de la mort. Ainsi se regroupe la vie en rangs serrés, avant la dispersion inévitable.

De cette façon se poursuit le rêve mallarméen du Grand Livre du monde. De même se prolonge le désir camusien de la littérature comme étant notre expérience commune. Mais cette idée de Camus reste difficile à réaliser, quelle que soit la forme que l'on vise, quel que soit le chemin que l'on prend entre abstrait et concret, entre langage et vie, entre raison et sentiment, entre soi et les autres.

Car la seule morale à laquelle se soumette la littérature, c'est celle de s'enraciner dans la vie et l'imagination des femmes et des hommes qui la font. On écrit à partir de sa propre vision et de son expérience personnelle du monde. « Toute littérature est incarnation », écrivait le critique Charles Du Bos. La littérature n'est pas un jardin suspendu hors du temps ou de l'histoire. La littérature est la forme avancée d'un accompagnement de la vie pour chacune et chacun de nous. Elle est la vie prenant conscience d'elle-même, quand elle atteint sa plénitude d'expression. Elle nous met en relation avec l'histoire et le destin de l'humanité, de tout temps et du nôtre.

« Les livres, écrivait Montaigne, c'est la meilleure munition que j'aie trouvée à cet humain voyage. » Chacun des livres de ma bibliothèque est une forme d'accompagnement, un compagnon de langage qui m'apprend par sa présence que je suis encore vivant.

Mon frère le poète

Mon frère le poète gagne sa vie à chaque mot. Il me redonne la mienne. Le monde prend forme dans sa main. De l'ombre surgit la lumière. Sa voix porte mon destin dans le sien.

Il m'ouvre des chemins. De nuit comme de jour. Je vis sous l'influence de sa parole ajustée à l'ines-pérable. Je voyage dans la musique de ses mots et j'habite un horizon.

Mon frère le poète m'a redonné de la vie. Il a réveillé en moi un désir de beauté. Comme si chaque instant s'éternisait en moi, je vacille dans son souffle conquis *a cappella*. Je chante avec lui le don des morts et la gratuité de l'amour.

Mon frère le guetteur de poésie m'emporte dans son rêve de durer. Et j'avance entre ses mots, avec le plaisir de l'escargot. J'entre dans la maison du silence et j'apprends la parole qui ouvre les fenêtres. Du puits de lumière, des cris d'enfants descendent jusqu'à nous, tuant la nuit lente de la mélancolie des pères, semant l'ancolie des jours à naître.

Mon frère le poète, je le salue d'une vie à l'autre. Il m'a redonné la musique des mots et le goût de vivre un siècle nouveau.

L'étreinte

Quand elle arrivera derrière moi, la Sournoise, celle qu'on attend et qu'on n'a pas invitée, celle qu'on appelle la Mort et qui n'est qu'une fin, qu'un départ vers l'autre nuit inconnaissable, vers la demeure du silence, quelle sera mon attitude ? Laquelle de la peur ou de la révolte voudra s'emparer de moi ? Aurai-je la force morale et la sérénité de ma mère, qui, devant sa mort annoncée, nous a raconté sa vie d'amour avant de lancer le mot « déjà » ?

Aurai-je la vigueur stoïque de Gaston Miron, qui, malgré sa peine de quitter la vie et ne croyant pas à un autre monde, a choisi de se soumettre au silence ? Le poète, il est vrai, n'avait jamais cessé de négocier le silence dans ses poèmes. Il en avait tiré les mots de la douleur et de la résurrection. Il savait qu'il nous léguait ses poèmes en héritage. Même s'il pouvait douter de la pérennité du legs, il faisait confiance à l'humanité pour rester à la hauteur de l'humanité. Il savait, en mourant, que l'amour existe.

Miron avait passé sa vie à s'interroger sur le « manque-à-être ». Cet art poétique a conduit son action, a nourri son éthique. Il n'agissait pas pour agir, mais pour exister malgré tout. Pour se donner de l'espoir contre la fin de l'espoir. Le poète Miron était un existentialiste au sens plein. Il a mordu dans la vie parce que la mort était prévue. Il n'a pas fait semblant de vivre ni d'oublier la mort. C'est pourquoi il a pu l'affronter de façon stoïque, taisant sa douleur de tout quitter.

Comme à sa fille Emmanuelle, il nous a légué sa poésie en héritage. Ainsi le poète peut exister « en une seule phrase nombreuse », celle qui réunit « les vivants et les morts en un seul chant » (Anne Hébert).

•

Quelle que soit ma douleur devant la mort, je quitterai la vie avec tout ce qu'elle m'aura donné. Ses amours, ses amitiés, ses paroles.

L'amour est le chemin le plus éclairé contre la nuit de la mort. Pour apprivoiser la mort, il faut savoir aimer. Et l'on n'apprend pas seul l'amour.

Il faut accepter d'être aimé. Je parcours le chemin de l'amour avec une femme qui saura affronter la mort avec moi. Depuis l'amour, comme dans le langage, je sais que je ne suis plus seul.

J'aurai trouvé un sens à mon existence dans le « manque-à-être », dans ce qu'on appelle « poésie » et qui reconstruit l'être par la parole d'amour. Car le poème s'enracine dans l'être pour l'agrandir et relier chacun aux autres. Puisque nous sommes des êtres de langage. Puisque nous existons ensemble dans le langage.

Nous ne sommes jamais seuls dans nos mots. C'est pourquoi nous apprenons, à force de vivre, que nous sommes les héritiers des mots qui n'ont été ni ne seront jamais les mêmes, tout en formant le lien de la terre dans nos poèmes et d'une langue à l'autre. La vie m'aura appris que nous sommes les passagers d'un langage qui nous survit.

J'aurai été tous ces mots, tous ces poèmes qui m'auront fait exister. J'aurai été amoureux de ces femmes, de ces amis, de ces enfants rencontrés sur mon chemin. J'aurai aimé : ce fut ma quête. Ma vie aura eu le sens de cette quête. Elle s'achèvera sans que je la renie, cette quête, qui se poursuivra chez d'autres hommes, d'autres enfants contre la guerre et la mort.

L'amour aura tracé mon destin. Cette femme m'aime. Elle m'aura aimé. Ainsi j'appartiens à l'amour qui s'est nourri de la tendresse de l'échange, dans l'arc inédit de nos corps et la pensée des commencements. Ainsi j'appartiens à l'étreinte de notre rencontre.

La mort appartient à l'ordre de la vie, constatait Montaigne. Les questions que peut poser la vie à la mort sont de l'ordre du langage. Ainsi la poésie aura conduit ma vie. Ainsi j'appartiens au langage qui me survit.

Le regard des mots

Faim souveraine

J'ouvre la porte et je vois debout sur le seuil mon ami qui me regarde en souriant, un livre à la main. Il me le donne puis, sans même entrer dans la maison, du haut de l'escalier se met à jouer de l'harmonica, comme pour une fête.

J'ai dans la main mon premier livre publié à l'Hexagone, *Faim souveraine*, des poèmes sur les figures et les chemins de l'amour, que je considère comme étant mes premiers vrais poèmes. Sur la couverture du livre, une encre de Roland Giguère évoque un sexe féminin aux lignes délicates, irradiantes.

Je rougis de bonheur. Devant moi, Gaston Miron, mon éditeur, fait la fête en musique sur son harmonica. Il me joue la mélodie de l'une des deux chansons qu'il a composées, *La Rose et l'Œillet* – chanson de l'amour éternel, dont le refrain est inspiré de notre folklore :

Mon amour, la rose et l'œillet
Mon amour et les lilas.

Gaston n'entonne pas la chanson, mais il en joue l'air, les yeux fermés sur son harmonica. La mélodie accompagne mes poèmes et les porte sur les arcanes de l'amitié indéfectible qui peut lier un poète à son éditeur, qui peut réunir deux poètes. Moi, j'entends par-dessus la musique la complainte de la passion éperdue :

Pour les départs et les paroles
Elle m'a aimé en coup de vent
Était-ce vrai ou bien frivole
Je n'ai pas su savoir comment.

La chanson de Miron couronne nos fêtes amicales depuis plusieurs années. Ce matin, sur le pas de ma porte, la mélodie crée la fête. Ma poésie est lancée. Le plus grand éditeur de poésie du Québec m'a adopté à l'Hexagone. Mes poèmes valent donc d'être publiés ?

Pendant mon adolescence, mon père, à qui je venais de montrer mon poème « Refus », était resté indifférent à mon texte. De peur peut-être que je m'y enfonce, que je m'y noie de mélancolie. Car j'étais né de la mélancolie de mon père.

Littéralement. Toute ma vie aura été un *refus* de cette mélancolie.

Aujourd'hui, en mai 1980, en ce jour même de l'anniversaire de la mort de mon père, voici que mon ami le plus proche et le plus cher, qui est un intellectuel de grande envergure, se fait l'éditeur de *Faim souveraine*, de ces poèmes heureux et malheureux de l'amour comme affirmation souveraine de la vie.

C'est en écrivant ces poèmes que j'ai saisi un peu du sens de ma vie, que j'ai pris possession de mon destin amoureux, que je me suis rapproché de ma mère, l'amoureuse sans condition de mon père mélancolique.

Ces poèmes, dans leurs mouvements, me sont devenus des sources – de respiration et de mémoire, de motivation de vivre. En cet été 1975, au bout de l'île d'Orléans, me voici dépossédé d'un temps de vie, après la faillite du théâtre Le Galendor que j'avais fondé ailleurs sur l'île. Me voici face au seul théâtre de ma vie. Avec sur fond de scène et pour seule lumière la suite des amours qui m'ont façonné. Je me relie à ce fil d'espoir, à ce nouveau cordon ombilical qui, loin de la mère, coupé de la mère, me dessine encore un destin, une raison de vivre.

Dans le ventre de ma mère, le cordon ombilical aura étouffé la main droite du fœtus. Je naîtrai avec ma seule main gauche. Peut-être parce que je me serai accroché à quelque rêve fœtal.

Dans ma vie d'enfant, je garderai de moi l'image de mon intégrité physique. Mais l'adolescent aura ensuite été blessé à jamais par ce que les autres appelleront mon « infirmité ». Plus tard, dans ma jeune vie d'adulte, l'amour d'une femme m'aura sauvé. Dans l'amour, j'aurai mille mains.

En écrivant les poèmes de *Faim souveraine*, entre 1975 et 1979, j'ai voulu tracer un bilan, retracer un parcours, et la poésie, telle une mère, m'a happé dans son exigence hermétique. J'ai grandi dans le ventre de la poésie à force de langage. J'ai fait corps avec les fulgurances qui m'ont assailli dans le temps unique du poème, où se conjuguent ensemble passé et futur au présent. J'ai eu l'intuition de la présence réelle de la poésie.

J'avais déjà écrit à ma mère – elle a été longtemps ma seule narrataire – que la poésie se lisait « entre les lignes », comme dans un silence du savoir. C'était là peut-être une autre définition de la mélancolie ou un désir de retour à une sorte de vie fœtale : la poésie comme cordon ombilical où se refait la main nue, où la mémoire se reforme et se referme sur elle-même. Mais ce « silence entre les lignes » n'a à voir qu'avec la mère. Il faut crever les eaux. Il faut crever la bulle de silence pour arriver au langage, au noyau de vie qui nous occupe.

Avec *Faim souveraine*, j'entre en poésie : celle-ci serait alors, non pas l'indicible mais l'immuable. Ce qui en soi fonde notre être. Cette *faim souveraine*, c'est mon être dans son désir de vivre et d'aller au bout de lui-même. C'est moi devenu langage. Ce que la main nue dessine pour s'approprier sa forme d'être au monde. Ce qui se dit de moi pour être moi. Ce qui me fait exister par le langage. Car, depuis le premier cri de naissance, j'existe par le langage. Ma parole, c'est mon être. Si le poème me prend dans sa forme, c'est pour la certitude d'être. D'un poème à l'autre, le même langage me tient dans le noyau obscur de l'être. Je change, ma pensée est en mouvement, mais tout mon être est fondé par le langage. De même, mon rapport au monde évolue, mais il reste fondé par le noyau de vie qui m'anime, par ce désir confus de vie qui se précisera dans le langage.

Dès les premiers vers de *Faim souveraine*, le poète quitte la mère pour l'amante et s'abandonne aux mystères du langage, investissant son noyau d'être. Il passe du fœtal au cosmique et du silence à la parole :

Ton corps le premier
connu d'entre les ventres
le deuxième bu

je n'avais plus de mère j'entrais innocent
dans la cale humide d'un bateau nuptial
nous avons voyagé à la pointe de l'étoile.

J'entre dans le champ du désir, armé pour le combat contre la mort :

quand la culbute des chevaux
sur les nids d'oiseaux rares
la cache du désir appelant le désir
la mort apprivoisée dans la somme des sommeils.

Dans *Faim souveraine*, le labyrinthe de l'amour se découvre dans tous ses états. On n'y évite pas la mélancolie de « nos chambres dérisoires » et il nous faut encore dénouer « le collier de (nos) peurs » ou s'inquiéter du « silence de l'oiseau ».

La mythologie de l'amour porte des secrets que le poème réinvente comme dans la fusion des sexes. Le poème imagine le monde dans son être de langage. « Je t'aime jusqu'à l'amande d'exister », dit un vers (perdu ?) de Miron.

Au fil de ces poèmes, la rencontre du poète et des figures de l'amour – la « pèlerine des sources » et son « corps navigateur », « l'étrangère » et « l'éclair de l'iris » ou « la chaleur sauvagine » – cette rencontre dans le langage opère une transfiguration chez celui qui écrit et se donne aux mots, aux images, aux rythmes de la parole. «Il faut chanter jusqu'à ce que le chant s'enracine», écrivait Octavio Paz.

Ainsi la poésie devient le chant de la terre. Ainsi nous sommes les amoureux de la présence.

Quand j'affirme que les poèmes de *Faim souveraine* m'ont rapproché de ma mère, je veux dire qu'ils me font reprendre possession de mon corps par le langage. Ce corps de l'imparité, je l'assume enfin dans ma parole d'amour, qui est ma langue maternelle. Tout cela me vient de ma mère et je le prends à mon compte dans la poésie. On le comprend quand on lit la dernière page du recueil, intitulée justement «Le Dernier Poème» :

Mère, vis en paix
j'arrive à mon corps enfin
dans l'âge de l'amour.

En préparant l'édition du livre, Gaston Miron me répétait souvent que c'était là mon poème «le plus personnel et le plus étrange». Le poème semble, en effet, contenir un secret que je n'ai jamais compris tout à fait, mais auquel j'adhère complètement et qui contient, je crois, toutes les obsessions de ma vie en amour et en poésie :

Cette femme a réinventé
mes sexes d'orange et de neige
à la source bleue de nos vies
nous habitons ensemble
nos corps habitables.

Il me semble lire aujourd'hui dans ces vers le mystère de la fusion amoureuse, bien sûr, mais aussi celui de l'habitation du langage, qui nous concerne jusque dans nos rêves, cette cohabitation même : la transsubstantiation de nos corps en langage. « Nos corps habitables » constitue une image de l'endosmose entre soi et le monde, entre la poésie et nous, tant que nous resterons humains et vivants, tant que nous prendrons la parole et que nous en ferons notre chemin. Nous vivons sur parole. Chacun de nous, au fond de son être et tant qu'il vit, a la possibilité d'être poète sur parole.

Bien sûr, chacun n'écrit pas de poèmes nécessairement, mais il garde en son for intérieur une forme de poésie – un poème lu, chanté, peint, dansé, joué – dont il conserve les harmoniques en mémoire et qui lui donne l'élan de vivre.

Par le poème, par l'art, chacun cherche sa façon d'être au monde. Et pour cela, il faut développer son langage personnel – créer ou se mettre en relation avec les faiseurs de langage, ceux qu'on nomme les artistes ou les poètes.

Finalement, ce vers, « nos corps habitables », compose une formule qui résume tout l'héritage de vie, d'amour et de poésie que peut léguer une mère, que m'aura légué la mienne « à patience d'aimer ».

Dans le second mouvement de ce « dernier poème », adressé à la mère en forme de prière : « Mère, vis en paix » –, j'oppose à la mort la naissance du corps en langage :

j'arrive à la mort traversé
d'étoiles

Au blanc secret de ma naissance
je suis devenu femme
je suis devenu homme
je sais
     faire d'un ventre un visage.

Ici, j'entends battre le cœur du fœtus que je fus, je l'écoute raconter l'évolution des feuillets embryonnaires – ce qui n'est pas, dans mon cas, une histoire banale. Mais au bout de cette parole, il y a le rêve de la création d'un langage : « je sais/faire d'un ventre un visage ».

Je me souviens de façon précise d'où m'est venu ce dernier vers : un matin, au réveil, j'étais envoûté, voire obsédé, par ces mots dont l'énigme se transformera en poème. Cet appel du langage, du fond de la nuit d'un songe, m'a fait écrire un poème où l'amour me réconcilie avec la mère, où la mort s'assume par le rêve de vivre et de s'approprier le langage.

En somme, le parcours des poèmes de *Faim souveraine* nous conduit depuis la porte du labyrinthe jusqu'aux jardins secrets de l'être. Je sais désormais que je dois cultiver mon propre langage, et que plus je le posséderai plus je serai libre, plus je serai moi-même et en mouvement. Je ne serai plus prisonnier d'un langage commun, mais je me distinguerai par la forme renouvelée et renouvelable de mon expression personnelle. La liberté réside aussi dans la possession d'un langage à soi, qui s'écarte du lieu commun et de sa médiocrité stagnante ou rassurante au quotidien. Car le langage s'use et le poète a aussi pour tâche de le rajeunir, de le rafraîchir en le frottant au paysage. Le poète est « un laveur de mots », écrit Robert Sabatier.

Dans les arts comme dans la poésie, en recréant des formes de langage, on réinvente le monde et la vie, on les prolonge dans le rêve d'un perpétuel recommencement. C'est ce qui donne un sens à la continuité de cette vie, à la fragilité de sa propre existence.

Le regard des mots

Les mots de tous pour le bonheur de tous.
Albert Camus

Quand on est jeune, on ne sait pas toujours ce qu'on lit ; on se doute encore moins qu'on écrira un jour ce qu'on ne sait pas. Vers l'âge de dix ans, j'ai découvert une île aux trésors : une immense cantine couchée depuis des siècles dans la chambre de mes parents. Parfois, le dimanche après-midi, mon père nous invitait au voyage, ouvrant devant nous l'immense valise à souvenirs. Il en sortait des cartes postales doucement jaunies et des photographies aux visages anciens. Mais jamais mon père ne nous montrait ces carnets noirs qui gisaient au fond de la malle. C'était là le trésor que je convoitais. J'allai bientôt le découvrir en cachette de mes parents. L'austérité de ces carnets à couverture noire, l'écriture fine de mon père qui y courait, ces mots qu'à peine déchiffrés j'oubliais m'ont marqué pour la vie. Je n'ai jamais compris la littérature des carnets noirs de mon père. Je la cherche encore, aujourd'hui, parmi les littératures du monde, à commencer par la littérature québécoise, qui m'a tout appris de ma vie.

Mon père avait rêvé que je devienne professeur. Je l'ai été, en effet, quelques mois avant sa mort. J'ai connu les joies d'enseigner la langue et la littérature à de jeunes collégiens enthousiastes, puis à des jeunes universitaires curieux de la propédeutique. Ce noble métier d'enseigner dans un cadre pédagogique m'a gratifié d'un apprentissage que j'ai toujours considéré comme précieux pour la suite de mes activités intellectuelles.

Mon père étant mort, j'ai voulu risquer ma vie autrement, du côté des écrivains vivants et de la littérature qui se fait. J'ai choisi de pratiquer le journalisme culturel et littéraire, afin de faire connaître au plus large public possible ce qu'il en était de notre littérature et des autres. Comme l'écriture des carnets noirs de mon père, la littérature québécoise, presque personne ne l'avait déchiffrée pour moi. Durant mes études collégiales et universitaires, je ne savais pas tout à fait d'où je venais, ni même qui j'étais, depuis ce premier roman de chez nous que Philippe Aubert de Gaspé fils avait intitulé curieusement *L'Influence d'un livre*. On ne m'avait pas enseigné ma propre littérature ou si peu.

Dans la bibliothèque de mon père, quelques livres amis penchaient du côté du romantisme : ceux des deux Alfred, de Vigny et de Musset, ceux de l'honorable Alphonse de Lamartine, ceux du bon vieux Pamphile LeMay, enfin, dont ses *Épis* et ses *Gouttelettes*. Il y avait bien aussi Goethe, Milton et Le Tasse, de lecture trop difficile pour un adolescent. Mais après Pierre Loti, Bernardin de Saint-Pierre et Louis Hémon, qui fallait-il lire ? Les auteurs canadiens-français rencontrés dans le manuel de Mgr Camille Roy n'étaient pas plus invitants. Il me faudra arriver à l'université pour découvrir les livres d'Albert Camus – *Noces* et *L'Été* demeurent pour moi des bibles –, et pour connaître enfin un écrivain québécois en chair et en os – et Dieu merci ! il était bien bâti : c'était Roger Lemelin, avec sa fronde et son humour.

C'est en pratiquant le journalisme que j'apprendrai le mieux les chemins de notre culture et de notre littérature. J'y rencontrerai bientôt trois figures essentielles – des « alliés substantiels », dirait René Char –, qui illustreront pour moi ce qu'est un homme libre au Québec. Le premier fut mon voisin et mon ami à l'île d'Orléans, durant les années 1970. Félix Leclerc m'avait fait comprendre par son œuvre, dès 1965, qu'il fallait bâtir des ponts entre la culture savante et la culture populaire.

En 1966, ce fut Gaston Miron qui m'impressionna. Celui que je connaissais de loin, par sa légende et sa poésie, mais aussi par son action aux Éditions de l'Hexagone, deviendra mon mentor, comme il a été celui de beaucoup d'autres écrivains de mon âge. Il me montrera les chemins de la poésie, le dur apprentissage des mots. Il m'aidera à traverser la frontière du silence. En plus de son amitié, il m'aura aussi donné une part généreuse de sa vaste culture.

Enfin, je dois à Jean-Guy Pilon d'avoir rencontré des écrivains du monde. Grâce à lui et à ses collaborateurs de la Rencontre québécoise internationale des écrivains, fondée en 1972, j'ai pu interviewer deux cents écrivains appartenant à vingt littératures du monde. C'est là ma plus grande fierté de journaliste littéraire.

On ne peut pas exister seul. Ainsi notre littérature s'est sans cesse nourrie des autres littératures du monde. Voilà pourquoi j'ai voulu confronter nos écrivains à ceux venus d'ailleurs, dans ces recueils d'entretiens. D'autant que l'entretien représente pour moi une forme privilégiée de la critique littéraire. À côté de la critique d'autorité, qui analyse le texte, il y a nécessité d'une critique d'accompagnement. L'entretien avec un écrivain sert d'éclairage et de préface à la connaissance d'un livre. Destiné directement au public lecteur, l'entretien nous guide à travers l'histoire littéraire. Pour tout dire, l'entretien précède la critique d'autorité. Le dialogue avec la pensée de l'écrivain empêche la critique d'enfermer l'œuvre dans des vues grillagées par les idées ou les théories à la mode.

Qu'on ne vienne pas me dire qu'un recueil d'entretiens n'ajoute rien à notre connaissance de la littérature. Bien au contraire, il en poursuit le fleuve ininterrompu des émotions à travers la diversité des œuvres. L'entretien constitue, livre par livre et d'un auteur à l'autre, l'histoire littéraire vivante.

Qu'on ne vienne pas me dire non plus qu'un recueil d'entretiens banalise la littérature qui se fait et vient nier une hiérarchie des œuvres selon leur qualité. La fonction de l'entretien n'est pas de juger l'œuvre de l'écrivain mais de la présenter au lecteur. D'ailleurs, le critique de ses contemporains ne devrait jamais prétendre porter un jugement final. C'est le temps qui a raison de tout, de nous comme de notre littérature. Pour ma part, je préfère prendre le risque de côtoyer des écrivains vivants, ce qui ne m'empêche pas de me réconforter au besoin avec les œuvres classiques qui me sont contemporaines de toujours.

Dans ma bibliothèque, tous penchés du côté du présent, les livres ne dorment jamais. Ils sont ma mémoire active. Entre nous demeure le souvenir d'intimes gestes : de la main ouverte, de l'œil, de l'oreille et même de la bouche quand les pages se sont mises à chanter.

D'autre part, les écrivains sont, pour moi, les personnages d'un roman que j'écris en marge de leurs livres et dont j'ai choisi pour thème la littérature. Dans le labyrinthe de l'histoire littéraire contemporaine, je les lis, je les écoute, je les poursuis de ma vision et je les accompagne dans leur rêve.

J'endosse l'engagement de Georges Perros, à savoir que « Je ne dirai jamais de mal de la littérature. Aimer lire est une passion, un espoir de vivre davantage, autrement, mais davantage que prévu. » Si la littérature est une affaire d'amour et de révolte, de rupture et de continuité, de savoir et de questionnement, la critique, de son côté, peut être, elle aussi, un acte d'amour, puisqu'elle rompt un silence et crée des liens. C'est le sens que j'ai toujours voulu donner à mon travail de critique littéraire.

Si j'ai choisi de pratiquer le journalisme culturel et littéraire, si j'ai voulu faire de la critique d'accompagnement, me situant entre l'œuvre et le public, si j'ai bâti des anthologies de poésie comme des livres de lecture accessibles à tous, et si j'ai écrit ma poésie avec des mots simples venus du cœur, enfin si j'ai accepté de faire partie de l'Académie des lettres du Québec, haut lieu d'animation de notre littérature, c'est peut-être après avoir lu ce que disait Albert Camus dans son « Discours de Suède » : « La vocation de l'écrivain est de réunir le plus grand nombre d'hommes possible. »

« L'art n'est pas à mes yeux une réjouissance solitaire, ajoutait Camus. Il est un moyen d'émouvoir le plus grand nombre d'hommes en leur offrant une image privilégiée des souffrances et des joies communes. Il oblige donc l'artiste à ne pas s'isoler. » Car l'art pour l'art, précisait Camus, « c'est l'art des salons, ou l'art purement formel qui se nourrit de préciosités et d'abstractions et qui finit par la destruction de toute réalité. »

Personnellement, j'admire les laborantins qui jonglent avec les formes jusqu'à s'auto-hypnotiser. Mais je me refuse à les confondre avec les artistes accomplis, ceux qui travaillent parmi les autres et savent encore sauter sans filet dans le vide qui nous occupe.

Avec Georges Steiner, l'auteur de *Réelles présences*, je parie sur la réalité d'un lien entre le mot et le monde, entre le sens et l'être.

Ma poésie personnelle m'a tenu près des mystères du monde créé. La poésie me complète. Elle est une démarche intime et spirituelle. Par la poésie, j'hérite de ma vie. Quand le poème surgit, par la fissure de l'être, j'entre en moi à mes propres risques. Je découvre des mémoires partagées, utiles comme le feu. J'entends des musiques rêvées, lentes comme l'eau.

Par la poésie, je réapprends que nous sommes *les amoureux de la présence*. Mes mots n'ont pas plus de sens que vos souffrances. Et comme le rappelle le poète Pierre Morency, cela s'écrit en une « langue de conséquence ».

« Le poète prend la parole pour tous ceux-là qui seront restés muets », m'a dit Anne Hébert. Puis, comme nous l'expliquait Rina Lasnier : dans « le qui-vive de la beauté », quand le poème s'est écrit, le « chant perdu » retourne à cette « poésie nombreuse » de nos origines et de nos découvertes.

J'aime à relier culture et destinée. De même, c'est la culture qui contient le politique, et non l'inverse. Le poète libanais Adonis a écrit que l'on est d'un Orient comme de son imaginaire. Ainsi devrions-nous habiter notre Québec. C'est André Belleau qui affirmait que nous n'avions plus à porter « ce poids de définitions que l'on impose aux Québécois au sujet de leur culture ». Il s'agit d'abord de faire de notre existence comme peuple une affaire de *langage*, de défendre « le plein exercice de la faculté humaine du langage », qui est le fait de toute culture dans le monde.

Si je dis que je suis un Québécois, c'est d'abord parce que je crée mon propre Québec. Je lui appartiens dans la mesure où il m'appartient. Ce Québec est tout à la fois mémoire et oubli, fronde et résistance, peur et mélancolie. Il affirme son goût du monde et de l'Autre en même temps qu'il se replie sur lui-même au moindre échec de son Histoire. Le Québec, pour moi, est toujours en train d'apprendre à dépasser son ombre et à cerner sa procrastination. Ce Québec a trouvé pourtant une plénitude dans son imaginaire. Là où je puise mon langage, là où se découvrent la main cachée de l'écriture et tous les gestes qu'il faut accomplir pour aller au bout de soi.

Quand je pense à ce Québec, je réinvente « le lien de la terre », selon l'expression du poète Jean-Guy Pilon, je me souviens du monde, c'est-à-dire de toutes les femmes et de tous les hommes avec lesquels je m'interroge sur notre destin. Alors je me demande : la poésie, dans ses grands espaces incertains, ne peut-elle pas signifier ce Québec qui nous habite jusqu'au fond des mots ?

Car chacune et chacun de nous a droit au regard des mots. Dans l'acte de lecture, toute personne est hantée par un poème qui est le sien et rêve la forme de sa vie. Lire le poème – comme l'écrire – pose la question de l'être et comment le dire par le regard des mots. La poésie est ce qui nous appartient d'un pur présent.

L'état de veille

Il faut rester en état de veille
Anne-Marie Alonzo

*C'est dans la pensée des femmes
que le changement va se faire.*
Claire Lejeune

C'est contre le regard des autres que je suis né. En face des autres. En me niant, le regard des autres m'aura forcé à assumer la blessure de l'imparité. Leur regard contre moi, je devais l'intégrer. Pour affirmer mon intégrité, il me fallait créer, me mettre en quête des formes d'expression de la vie, exprimer mon rapport au monde dans une interrogation sans fin. Il me fallait désormais « rester en état de veille », comme l'a écrit Anne-Marie Alonzo.

L'acte de création part souvent d'une identité blessée dans l'enfance. Cette identité concerne la relation entre soi et le monde, elle est la réponse de l'être à la culture. Mon identité est le résultat d'un combat – ou d'un dialogue – entre ce que je sais que je suis et l'image de moi que mon entourage me renvoie. Si j'avais choisi de me soumettre à cette image dans le miroir des autres, je n'aurais pas fait de création. Créer, cela implique que mon intime conviction d'être moi-même prend de plus en plus d'espace de vie. La création est une affirmation de soi dans sa relation au monde. La création est un acte de présence. Être, c'est avant tout avoir lieu.

En ce sens, quand, dès l'enfance, j'ai été blessé par le regard étonné puis réprobateur des autres, j'ai voulu rattraper mon identité par l'écriture. Par le poème d'abord. Comme pour retrouver l'intégrité de la forme. En m'exprimant par le poème, je n'étais plus informe ni infirme et j'exprimais mon être dans son intégrité.

Or, il s'est trouvé que, naturellement, en commençant à écrire, j'étais entouré de femmes créatrices : peintre et sculpteure, puis poète et romancière. C'est peut-être ce qui explique que je sens ma création très proche de la démarche des femmes. Dans le regard des autres aussi, je me sentais un objet, peut-être de la même façon que le corps de la femme devient l'objet d'un regard de mâle chasseur. Quoi qu'il en soit, je n'écrivais pas mes poèmes pour prendre une place sociale ni pour séduire, mais pour investir ma propre voix et revendiquer mon identité.

Ce n'était pas la blessure qui m'intéressait, mais la création. Plus précisément, l'acte de création. Devenu journaliste, j'ai voulu être attentif aux motivations des poètes et des artistes, afin de mieux faire comprendre les œuvres au public. Dans mon souci pédagogique, je me suis vite rendu compte de l'impact social du discours des artistes et des écrivains. Le renouveau du discours des femmes sur leur création mettait en relief le radotage de certains hommes – fussent-ils artistes ou écrivains. Pourtant, la question de la création restait entière, tant chez les hommes que chez les femmes. Il ne s'agissait pas de rejeter les uns pour vanter les œuvres des femmes, nouvelles venues dans l'histoire de l'art. Il fallait cependant quitter les lieux communs pour investir une pensée révolutionnaire, qui faisait l'inventaire des archaïsmes pour fonder de nouvelles mythologies. Une pensée révolutionnaire qui voulait conjuguer « l'esprit d'atelier » et « l'esprit de chapelle », comme l'a si bien expliqué Claire Lejeune.

Il était temps de révéler « une autre humanité », comme l'affirmait Marie Cardinal. C'est Michèle Lalonde qui a défini le féminisme comme « une entreprise de démystification de la femme par la femme ». Elle ajoutait, lors d'une interview que je faisais avec elle pour *Le Devoir* en 1979 : « Le féminisme est essentiellement révolutionnaire parce qu'il est la répudiation d'une vision archaïque du monde. » C'est pourquoi il fallait, comme Nicole Brossard, « traverser des inédits », comme Madeleine Ouellette-Michalska, « faire circuler le féminin » ou, comme Louky Bersianik et Madeleine Gagnon, « baigner dans l'eau des mots » pour accéder au réel, à sa présence de femme, occultée par des cultures patriarcales millénaires. « Écrire, selon Suzanne Jacob, c'est le corps traversé des mots. » La femme devait avoir lieu par la création.

•

Je suis un produit de ce qu'on a appelé la Révolution tranquille. C'est-à-dire que j'avais vingt ans en 1960. J'ai partagé l'euphorie d'une société qui se renouvelait, se modernisait, entrait dans le siècle en se donnant un bouillon de culture. La présence des femmes à cet éveil du Québec était spectaculaire dans presque tous les domaines : chanson, théâtre, roman et poésie. Pauline Julien, Françoise Loranger, Anne Hébert, Rina Lasnier et Marie-Claire Blais ont changé le Québec tout autant que les Miron, Vigneault, Dubé, Godbout et leurs prédécesseurs du manifeste *Refus global*, dont plusieurs femmes artistes étaient aussi les signataires.

Mais ici, créateurs et créatrices œuvraient dans le même sens, quoique différemment. Ils ont contribué ensemble par leurs œuvres à fonder le Québec moderne. Il restait ensuite à relier le Québec au monde et notre culture aux autres cultures. Ce fut le temps de la contre-culture et du féminisme, autour de 1968, au lendemain de l'Exposition universelle de Montréal. Une nouvelle génération de femmes et d'hommes ont redéfini leur identité par la création dans tous les domaines artistiques. De sorte qu'au milieu des années 1970 est apparue la génération des militantes féministes du côté de la littérature, puis au théâtre, dans la chanson, la danse et les arts visuels. C'est à cette époque que l'on a pu comprendre que, si le féminisme militait contre l'idée d'une femme-objet, la création, par ailleurs, permettait à la femme de devenir un sujet de l'humanité.

Quand je suis arrivé au quotidien *Le Devoir* en 1978 comme responsable des pages culturelles, je me suis trouvé en plein cœur de l'action. Je me suis mis à l'écoute de la création des femmes, car j'ai toujours eu l'intime conviction que l'art, sous toutes ses formes, est une réponse nécessaire et souveraine à l'appel de la vie. Alors, la création des femmes est aussi nécessaire et souveraine que celle des hommes. Même si je sais que les hommes et les femmes peuvent se rejoindre dans l'art, je reste convaincu que c'est souvent la vision des femmes qui peut nous faire voir autrement notre place dans le monde. Prêter attention à la création des femmes, ce n'est pas cultiver l'exclusion de celle des hommes, pères et fils : cela serait pratiquer la culture exclusive du patriarcat. Toutefois, partager la culture des femmes, c'est savoir que nous sommes aussi les fils de nos mères, plus loin que le silence des pères et que les ordres du Commandeur.

Prenant la direction des pages culturelles et littéraires du *Devoir* à une période décisive pour le Québec, j'ai voulu compléter le portrait de notre culture et coïncider ainsi avec mon époque. Je mettrai de l'avant dans le cahier « Culture et Société » les valeurs féminines et féministes qui renouvellent notre littérature, les pensées des artistes de tous les arts de création et de consommation, qu'elles soient à l'avant-garde ou dans le courant des idées de notre temps.

Ma curiosité passionnée pour l'acte de création m'a amené à privilégier l'entretien avec les écrivains et les artistes – l'entretien étant une forme de la critique sur laquelle peut se fonder une information plus complète en ce qui a trait au rapport des œuvres des créateurs avec leur société. Il fallait donner la parole aux créateurs, et particulièrement aux femmes, dont le discours renouvelait notre vision du monde. Ma stratégie se complétait par des cahiers thématiques saisonniers où je pouvais aussi inviter les créateurs et les créatrices à côtoyer les critiques et à proposer un bilan de leurs démarches. Pour moi, c'est ainsi que le journalisme pouvait contribuer à l'avancée des femmes et du féminisme tout autant qu'à une réflexion sur notre société.

Ce travail s'accomplissait dans l'euphorie du moment, dans la passion de ma culture, avec la conviction intime que, s'il ne faut pas confondre la création des femmes avec le combat politique du féminisme, les œuvres littéraires et artistiques des femmes font partie de la réflexion et elles en sont le témoignage vivant. Les œuvres des femmes m'ont appris à reformuler mon rapport au monde et à crever la bulle de silence dans laquelle j'étais prisonnier de ma culture patriarcale. Par là même, elles ont enrichi ma propre identité d'un héritage nouveau.

Ainsi ai-je mieux compris un geste accompli par ma mère à la fin de sa vie. Trois mois avant de mourir, elle m'a donné à moi, son fils aîné, l'anneau d'or qu'elle tenait de sa propre mère. « C'est ton héritage. Je n'ai rien d'autre à te laisser », m'a dit celle qui m'avait pourtant tout donné pour vivre et aimer.

J'ai compris ce jour-là que nous, les fils, sommes aussi les héritiers des mères et que la création des femmes – qu'elles soient nos mères, nos sœurs, nos amantes ou nos filles –, la création des femmes, assurément, nous est autant nécessaire et nourricière que nous fut maléfique le silence des pères.

C'est pourquoi, aujourd'hui pour demain, je continue à être attentif et concerné en tant qu'homme par la création des femmes.

Figures d'origine

Voyage d'hiver

L'automne arrive déjà pour moi et je me demande, père, ce que, de ton côté, tu as fait du silence depuis ton voyage d'hiver.

Es-tu retourné à la source de tes rêves d'enfant ? As-tu reconnu l'écho joyeux des matins dans ton canot sur le lac Boyer ? Le mot « bonheur » que tu cherchais dans tes cahiers noirs, l'as-tu vu franchir les Appalaches jusqu'à ton étoile ?

Tu as toujours été si loin de moi, comme un père étranger, que je te cherche dans les étoiles. J'imagine qu'au voisinage d'Orion tu as laissé les chiens mordre à ta douleur et que tu as retrouvé la sérénité au fil des lumières.

Depuis ton départ, il y a déjà quarante ans, c'est ton visage que je dessine sur la carte du ciel. Ta voix, je veux l'entendre dans les livres, ceux que tu m'as donnés et ceux que j'ai écrits à même le silence qui nous lie.

Ces livres, je les ai mis à l'abri du temps dans la bibliothèque vitrée que tu m'as offerte au seuil de l'adolescence.

Il faisait doux, ce jour-là, dans le Vieux-Québec, au bord du fleuve, où nous avons choisi ensemble ce meuble en bois d'acajou. Quatre rayons encastrés comme nos vies à jamais. Et ton sourire de père qui donne à son fils le goût de lire et d'apprendre, de choisir la culture comme un destin. Ton sourire et sans doute le mien. Nous étions ensemble et c'était l'éternité.

La bibliothèque vitrée a survécu à mes nombreux déménagements. Elle a accompagné mes déroutes et présidé aux étapes de ma vie.

Les livres à dos rouge et tranche dorée que tu m'avais donnés et ceux qui restaient dans la famille après ton départ ont toujours habité le premier rayon au sommet de la bibliothèque. Musset, Vigny, Gœthe, Milton et Le Tasse, que j'ai appris à lire, sont restés des compagnons de vie.

Pardonne-moi si, aujourd'hui, ces beaux livres reliés sont un peu cachés par de vieux bouquins jaunis de ma collection. Tu sais, la littérature québécoise a pris son élan, depuis les années soixante, et j'ai voulu remonter à la source en collectionnant les premières parutions des XIXe et XXe siècles. Louis Dantin, Jules Fournier, Berthelot Brunet, Maurice Hébert, Marcel Dugas, Saint-Denys-Garneau, Alain Grandbois, Rina Lasnier, Anne Hébert et d'autres ont pris presque toute la place dans les deux premiers rayons de la bibliothèque avec les éditions originales de leurs premières œuvres.

J'ai adopté notre littérature et je me suis attaché particulièrement aux poètes qui l'ont fondée en mettant le Québec sur les chemins de la modernité.

Le troisième rayon de mon panthéon abrite d'autres trésors. Les premiers livres de René Char *(Feuillets d'Hypnos)* et de Francis Ponge *(Le Parti pris des choses)*, un manuscrit de Gaston Miron et *Deux sangs*, le livre fondateur des Éditions de l'Hexagone, des éditions rares de Michel Beaulieu et de Guillevic ainsi que de Guy Lévis Mano, que j'ai connu dans son atelier de la rue Huygens à Paris, des livres d'artistes et de poètes québécois :

Murmures en novembre de Janine Leroux et Jacques Brault, *Bouche rouge* de Gisèle Verreault et Paul-Marie Lapointe, *Abécédaire* du peintre et poète Roland Giguère aux Éditions Erta. C'est avec tous ceux-là et bien d'autres que j'ai tracé mon chemin.

À la base de cette bibliothèque vitrée, j'ai réuni au fur et à mesure des années mes propres publications : poésies, essais, anthologies, entretiens littéraires, ainsi que disques compacts, films et cassettes vidéo où j'ai témoigné des poètes de notre temps.

Pour orner le dessus de ce meuble précieux, héritage d'un père lointain, j'ai placé des sculptures de Sabine Poulin et Jordi Bonet, affirmant un amour tour à tour sensuel et mystique. Jordi Bonet est un artiste catalan qui a choisi le Québec pour vivre et qui a réalisé des murales monumentales, dessinées dans la céramique et le béton, partout sur le continent. Il n'avait pourtant que sa main gauche pour faire son art. Nous sommes devenus des amis inséparables jusqu'à sa mort un 25 décembre.

Je me rends compte aujourd'hui que cette bibliothèque a été mon viatique. Sa présence – qui est aussi la tienne, même lointaine – m'a amené à comprendre ma propre vie et à l'assumer contre ton destin.

J'ai voulu combattre ta mélancolie en m'engageant sur les chemins du silence et de la parole. Il m'aura fallu défaire des nœuds, surtout ceux qui nous unissaient, chargés du poids de la religion et de la culpabilité.

Quand je suis né, tu es mort à toi-même. Tu t'es résigné à voir dans ma naissance une faute. Je suis né avec ma seule main gauche et tu as décrété que j'étais « infirme », par punition de Dieu contre toi pour une raison obscure. Tu t'es résigné à prier, puis tu t'es renfrogné jusqu'au mutisme, dans une neurasthénie stérile.

Seul l'amour de la mère de tes enfants a pu te ramener à toi-même, au fil des années. Pour moi, le mal était fait. J'avais grandi contre ta mélancolie. J'ai cherché loin de toi mes raisons de vivre.

Tu étais fragile et j'ai gardé ma rébellion secrète. Je n'ai jamais accepté ton regard de père coupable. Tu me considérais comme un impair et je défendais mon intégrité.

Tu t'es fait, sans le savoir peut-être, disciple de Kierkegaard, abandonnant ta singularité pour le bien général. *Crainte et tremblement,* ta soumission à l'absolu de la foi chrétienne t'a perdu et t'a éloigné de tes propres chemins. Tu as été parmi nous un voyageur étranger sur ses terres, un jardinier de peines et de fleurs coupées.

Tu as été le petit enfant de mai que j'ai toujours porté dans mon cœur comme un poids de trop, comme une charge insensée sur mon dos d'enfant.

Je t'ai mieux compris en lisant Saint-Denys-Garneau, ton contemporain, déchiré entre les silences de la foi et ceux de la poésie. Comme toi, il a été emporté par l'angoisse métaphysique, étouffé d'absolu.

J'ai tenté d'entrer dans ton silence, dans l'orbe de ton secret, afin d'entendre du fond de toi une parole de lumière, un espoir de passer de l'ubac à l'adret et d'accéder enfin au sommet de nos regards croisés.

Je n'ai jamais douté de ta tendresse ni de ton amour. Mais quand je pense à toi, c'est ton regard d'adolescent que j'imagine, un regard illuminé du désir de vivre.

Je crois m'être approché de toi, après ton départ. Tu es devenu peu à peu un père, un ami, un homme en paix dans son destin, en accord avec le mien.

En réalité, j'ai voulu corriger ton destin en conduisant ma vie en pleine lumière, contre tes humeurs noires. J'ai pris en charge tes désirs d'écriture et de culture, ton sens du voyage et de la beauté. J'ai marché dans ta joie d'enfant et j'ai sauvé l'adulte.

C'est pourquoi, aujourd'hui que j'ai dépassé ton âge, je te demande enfin, ô père trop lointain, ce que tu fais du silence en ton voyage d'hiver.

Ô père ! j'ai voulu que ce nom de Royer
Demeure un rai de soleil
Dans la nuit lente de ta mélancolie
Que ce nom tourne comme une roue
Dans l'écho de ton rire trop rare
Qu'il ranime ton cœur broyé
De noir et de chagrin
Qu'il éclaire la page de ton visage
Illuminé quand au mois de mai
Tu retournais la terre
De ton jardin

Ô père ! contre le silence inconsolable
De l'autre nuit – cette absence –
Je te nomme enfin – par défaut –
Avec les mots de ma mère
Devenus les miens et les tiens
Je t'accompagne dans ton canot
Parmi les musiques de l'été
Où tu files le parfait bonheur de l'arbre
Si tu sais que ton nom demeure
Synonyme d'un mot d'amour
Au cœur de mon poème

Venise ma mère

Tu ne meurs pas, mère, quand je renais à Venise avec mon amoureuse.

·

Quand nous pénétrons dans la lagune, ce n'est pas ton visage qui se reflète dans le Grand Canal, mais les chemins de ton silence – ta mémoire d'algue balisée par la noblesse des ducs d'Albe.

·

Mère et mer, tu es la force des commencements. Mère et terre, tu protèges notre secret.

·

Nous marchons hors du temps et nous te rencontrons sur le pont de l'*Accademia*. Dans Venise éternelle, ton mystère ne peut pas être révélé.

•

Ici les mots deviennent de l'air et nos paroles, visibles, dessinent ton visage.

•

Venise respire par les îles, par les eaux. La solitude est ici une façon de vivre.

•

Nous sommes à Venise pour apprendre à naître. J'écris et tu ne meurs pas, tu ne mourras pas, mère et mer.

•

Une gondole s'avance, sa rame trace les cercles de notre mémoire. Une barque noire où chante le passé des morts.

Un volet claque près de Santa Maria della Salute et répondent un million de pieux, gardiens de la mémoire.

Je t'appelle, Alice mère, et mon cri traverse l'eau. Sur l'onde de ton nom, je descends dans les grands fonds de vie.

•

Venise est un ventre, ma mémoire de toi. L'amour au commencement de tout, nous le vivons ici, l'amour de toi sans toi qui t'en vas de nous, tu le sais dans ta solitude, mieux que tous les amoureux.

Venise c'est toi, nous te reconnaissons d'avant toutes nos actions, d'avant nos silences et nos paroles. Nous te reconnaissons, tu es le visage de la terre, le chemin de l'origine, le sourire de la patience d'aimer. Tu es et nous sommes à Venise contre ta mort.

Nous défions le temps des marées par le temps de l'enfance. Nous te rencontrons en pleine éternité.

•

Tu nous as lancé le mot « déjà » et nous remontons à l'origine, au ventre du langage.

Tu nous laisses en héritage ton visage offert. Pour quel voyage ?

•

Tu es Venise et tu attends notre retour pour la dernière marée, à la pleine lune, l'*acqua alta* te portera jusqu'à l'étoile du Bélier.

•

Tu ne meurs pas, tu vis tu attends notre retour, et la mer où s'enfonce Venise m'apprend le prix de ton absence.

•

Je pense à toi, mère, je respire en toi. Je suis séparé de toi et pourtant lié à toi du dehors et du dedans, de ma première nuit jusqu'à la tienne dernière. Je ne suis plus toi, mais tu es toi à jamais, mère et mer de tous les rêves.

•

Tu te glisses dans cette mélodie de *La Traviata* et ta voix remplit le théâtre de La Fenice. Ta plainte déchire la nuit dans le mot « déjà ». Tu interroges l'inconnu. Ta voix si pleine de tout l'amour du monde connu.

•

Je marche dans Venise, à l'intérieur de la vie même. Dans le labyrinthe sans dehors. Venise maternelle, c'est le dedans qui se dévoile, secret intraduisible. L'intime est le mystère de Venise, ce qui a lieu et lien avec la mer, ô mère.

•

Le temps est-il ce dieu immobile qui veille sur Venise ? On ferme les volets vert céladon devant Santa Catarina. Des enfants grimpés sur le puits du quartier posent à la source du temps et tu apparais parmi eux pour le photographe anonyme.

•

Dans le clair-obscur de fin de jour, je t'attendrai à l'église de San Beneto, au pied du *Saint-François de Paule* de Tiepolo. Nous marcherons jusqu'à l'*Accademia*, la demeure du Tintoret, l'espace exact de Canaletto. Là aussi, nous fréquenterons la mélancolie infinie des *pietà* de Giovanni Bellini. Dans la mémoire de ces tableaux, seul le reflet de

Venise t'apparaîtra plus léger que le destin, ô mère.

•

Il fait nuit, le butor s'envole de la roselière pour s'enfoncer dans la « bouche de lion » de la cour du Palais ducal. Qui t'a dénoncée, mère ? Qui t'empêchera de porter la bauta avec le masque blanc et d'aller jouer au Ridotto ?

•

Campiello Barbaro, tu verras trois acacias, une fontaine basse et la silhouette rieuse de ton père, ce marin perdu.

How sweet the moonlight sleeps on this bank ! Comme le clair de lune dort doucement sur ce banc ! note Shakespeare dans *Le Marchand de Venise*.

•

Le beau temps sur la Giudecca te fera penser à l'*Adagio* d'Albinoni que tu aimes tant. Sais-tu que cette œuvre apocryphe a été composée, en fait, par Remo Giazotto à l'époque de ta naissance, au début du XXe siècle ?

•

Tu ne meurs pas, mère, Venise indestructible par le salut de l'art et de la mémoire de l'Orient.

•

C'est toi que j'entends sous le pont des Soupirs. Ce n'est pas le cri de ma naissance, celui du prisonnier qui va entre les Puits et les Plombs, dans la *camera del tormento*. C'est toi que j'entends sous le pont des Soupirs et je sais que nous allons quitter ce monde *par le col étroit de la souffrance*.

•

Les Maures de la tour de l'Horloge sonnent l'heure. C'est leur rôle de prendre la mesure du temps qui attaque Venise.

Mais toi, reste à l'ombre du quadrige. Les quatre chevaux de Lysippe protègent ta liberté.

•

Tu es mon séjour premier, mère, tu es Venise où mon amour respire.

•

Depuis que je t'ai vue, je n'ai de cesse que je ne te revoie. Ne me quitte pas quand le réel se dérobe.

Mère, je t'appelle *Venetia*, comme on récite une prière : *veni etiam*, reviens encore.

Ici, dans le ciel bleu comme un ventre, un air de Vivaldi annonce *déjà* l'été.

•

Dolent, je t'écris du labyrinthe, pendant que s'éclaire ton chemin.

Tu respires avec peine, mais tu chantes une vieille chanson anglaise, tu parles de ton père et des amours de ta vie, entre deux quintes de toux, tu ris même, tu nous regardes sans fermer les yeux et tu lances la supplique : « Déjà. » Quoi ? L'éternité ou le néant ?

Tu te mets à douter du destin, la piété t'a quittée. Ton sourire porte l'espoir d'un jour.

Que suis-je, mère, dans ta maison vide, entre les eaux fœtales et le Styx ?

J'entends chanter cette mélancolie où s'étrangle ta voix de mère, où s'étrange ta voix de femme.

J'entends chanter cette mélancolie qui emporte ton visage sans rides, quand s'éclaire Venise au miroir de la mer.

Épilogue

La main nue

Main

Je manque de mots. Où sont-ils ? Dans les silences de mon père ? Dans les regards de ma mère ? Étouffés par le cordon ombilical ? Cachés dans cette main droite qui n'a pas grandi avec moi ? Errants dans les limbes avec les gestes de moi que je n'aurai pas accomplis ?

L'imparité m'a longtemps défini par le manque. Une main en moins et les autres vous dévisagent. Leur interrogation accuse l'imperfection, l'anormalité. Vous soutenez ce regard des autres, alors vous le combattez par votre propre regard. C'est la guerre du silence. Vous rentrez vos mots, vous refoulez vos explications, vos colères, vos tendresses. Vous restez seul avec l'autre main si parfaite.

La main nue, celle qui écrit, vous lui demandez tout. Son écriture est votre chemin. Vous écrivez en rêvant de perfection contre le regard des autres. Main, miroir et bouclier de la parole.

Mais toute écriture n'est parfaite qu'en elle-même. Tout est toujours à recommencer. Le geste à refaire. Le texte provisoire. L'apprentissage perpétuel de la main qui écrit contre la main des mots qui manquent.

J'ai beau écrire, écrire en changeant la forme de mes lettres, il manque toujours un mot au cœur de mon langage.

Mot

Ce que j'écris me déporte là où je m'attends, dans l'écho du cri de ma naissance. Mais au bout de ce regard des mots je retombe en silence – comme on dit : retomber en enfance. Je ne sais plus où me situer de nouveau sur la page blanche des recommencements.

Le premier mot qui viendra n'effacera pas toutes les peurs, mais il fera monter l'eau noire du vide vers l'avenir d'un puits de lumière. Du moins j'y croirai le temps d'une ligne, d'une phrase, d'une page, d'un livre parfois. Puis ce sera tout. Désespérément tout.

Mort

Quel est ce silence qui me fait vivre et me tue à la fois ? Ce cri primal que j'ai entendu de moi contenait-il toute ma vie ? Alors ouvrez la fenêtre de la chambre et délivrez-moi de l'écho. L'air que je respire n'est jamais le même mot. À ce jeu de langage, comment vous dire que je suis seul au monde ? Ou pourquoi raconter que le monde meurt avec moi ?

Un rêve archaïque nous réunit. Une fêlure si vive jusqu'à bouche bée. Possédé par l'amour, je sais que l'Autre m'emportera dans sa fin.

Écrire, comme aimer, c'est savoir que l'on meurt. Aucun chant, si beau soit-il, ne recouvre la déchirure. Pourquoi l'éloge d'une vie quand le mot *éternité* s'écrit contre tous les autres mots ?

Dans le silence qui m'obsède, au bout du bout de mes mots, l'écho du premier cri a dessiné le mot mort. Hors de mes mots, je n'existe pas.

Moi

Un miroir vide m'aspire : le mot qui manque est ce reflet de moi-même, ce rêve que je fais de l'Autre. Impossible de fermer les yeux. Quand je serai passé de l'autre côté du miroir, à votre tour regardez-moi : je suis ce mot qui vous manque…

Table

Langue maternelle

Le regard des mots

Figures d'origine

Épilogue